AF314050

COMMENT ON FAIT UNE CONSTITUTION

PAR

E. MASSERAS

Rédacteur en chef de la *France*

Ancien rédacteur en chef du *Courrier des Etats-Unis*

PRÉCÉDÉE D'UNE LETTRE

DE

M. ÉMILE DE GIRARDIN

PRIX : 1 FRANC

PARIS	VERSAILLES
AUX BUREAUX DE LA *FRANCE*	CHEZ CHARLES BROQUET
10, rue du Faubourg-Montmartre.	1, passage Saint-Pierre.

A Monsieur Emile de Girardin.

La pensée première à laquelle se rattache ce travail est vôtre. Vous avez bien voulu déjà le présenter aux lecteurs de la *France;* permettez-moi de le placer également sous votre patronage, dans la nouvelle forme qu'il revêt aujourd'hui.

Vous savez, mieux que personne, quelle sincère conviction j'y ai mise.

Plus les choses vont, plus m'apparaît avec force l'enseignement qui ressort, à notre adresse, de la page d'histoire américaine que j'ai essayé de résumer. Que nous devions ou non mettre à profit, dans un avenir immédiat, cette leçon d'un passé si plein de ressemblance avec notre situation présente, je reste convaincu qu'elle n'était point inutile à évoquer et que, tôt ou tard, elle a chance de porter ses fruits.

Quand nous aurons fini de poursuivre l'inconnu, d'imaginer des néologismes et de bâtir dans les nuages, nous serons trop heureux de recourir à un expédient qui, à défaut du mérite de l'invention, nous offrira l'avantage beaucoup plus solide d'avoir été mis à l'épreuve en sauvant une nation de l'anarchie pour en faire un grand peuple.

Une chose, au surplus, me frappe dès à présent et a dû vous frapper comme moi : c'est que les objections alléguées contre le recours à une Convention, sur le plan de celle des Etats-Unis en 1787, portent à peu près exclusivement sur les difficultés d'exécution. Il semble que la justesse du principe se soit spontanément imposée par la force de l'évidence. C'est un premier succès et un premier encouragement que pas une des idées de solution émises jusqu'ici ne pouvait se vanter d'avoir obtenu.

Laissons faire le temps et la discussion.

Votre tout dévoué collaborateur,

E. MASSERAS.

A Monsieur E. Masseras.

Vous m'attribuez le mérite d'une initiative qui ne m'appartient pas : elle appartient à l'éminent auteur de l'*Histoire des Etats-Unis*, M. Edouard Laboulaye, qui, sous le titre : *Questions constitutionnelles*, a publié, en 1872, un volume qu'on ne saurait lire trop attentivement, quoique ce livre laisse le regret que son auteur ait glissé trop rapidement sur la mémorable Convention de 1787, imaginée par Alexandre Hamilton, présidée par Washington, et comptant parmi ses membres Benjamin Franklin.

Un regret plus vif encore que laisse ce livre, c'est qu'étant membre de l'Assemblée nationale M. Edouard Laboulaye, avec l'autorité qui s'attachait à ses travaux et à son nom, n'ait pas traduit en projet de loi la belle page écrite par lui*, que je vais transcrire, et ne l'ait pas déposé sur la tribune de l'Assemblée de Versailles :

En convoquant une Convention, la législature fixe le nombre des députés à élire, la date et le lieu de la réunion. Elle décide également comment et dans quelles formes le nouveau projet de constitution sera soumis à la sanction populaire, mais elle ne règle pas la compétence de l'Assemblée; elle n'a pas le droit de lui interdire de toucher à tel ou tel article de la loi politique. On ne veut pas que la Convention ne soit que l'écho de la législature; on entend que dans sa sphère constituante elle jouisse d'une entière liberté.

La Convention, élue en général par les électeurs ordinaires et composée d'un très petit nombre de personnes, a un caractère original et fait pour renverser toutes nos théories révolutionnaires. Ce n'est pas une Assemblée législative; ses membres ne sont pas des représentants, ils sont de simples délégués. Convoquée par une législature qui existe avant elle, qui subsiste auprès d'elle et qui est destinée à lui survivre, la Convention n'a aucune autorité politique : c'est un simple comité chargé de soumettre au peuple un projet de constitution. Ce principe, méconnu par les premières Assemblées révolutionnaires, a été proclamé dès 1787 dans la célèbre Convention fédérale qui rédigea la Constitution des Etats-Unis. « Nous n'avons le droit de rien conclure, mais nous avons la liberté de tout proposer, disait Wilson, représentant de Pensylvanie. — Notre affaire, ajoutait Edmond Randolph, c'est de recommander et non pas d'établir un système de gouvernement. » En 1829, dans la Convention de Virginie, John Randolph s'exprimait non moins nettement : « Nous sommes ici des avocats que consulte le peuple, des médecins politiques chargés de proposer un remède pour les maladies dont souffre l'Etat; nous n'avons pas le droit de voter un acte qui engage la nation. Nous sommes les humbles conseillers du peuple. » Inutile de multiplier les citations; ce point de droit constitutionnel ne souffre plus de discussion aujourd'hui.

---

* Questions constitutionnelles. *Du pouvoir constituant.* Page 391.

Ce n'est pas que l'idée française qui personnifie la nation dans ses représentants et leur donne l'absolu de la souveraineté n'ait jamais paru en Amérique; mais elle y a toujours été repoussée par les amis de la liberté.

Je ne suis pas certain que ce projet de loi, même présenté et soutenu par M. Laboulaye, eût trouvé une majorité pour l'adopter et le présenter; mais il eût donné naissance à un débat que toute la France eût suivi avec un vif intérêt et qui eût profité à son éducation politique, attardée de plus de quatre-vingts ans en matière de Constituantes.

Assurément un débat auquel, chacun à son point de vue, eussent pris part MM. de Broglie, Challemel-Lacour, Dufaure, Depeyre, Ernoul, Gambetta, Grévy, Laboulaye, de Larcy, Ledru-Rollin, Rouher, Thiers, eût rectifié beaucoup d'erreurs et fait faire un grand pas, peut-être un pas décisif, à la question de souveraineté nationale, telle qu'elle doit être entendue pour qu'elle ne coure pas le risque de dégénérer en tyrannie collective, exercée aux dépens de toutes les libertés les plus nécessaires, soit par une Assemblée réactionnaire, soit par une Assemblée révolutionnaire.

A défaut de ce débat, vous avez très bien fait de réunir en brochure vos articles, qui ne le suppléeront point, mais qui le prépareront; car il est impossible qu'il ne s'engage pas, un peu plus tôt, un peu plus tard, soit au sujet de la proposition de l'honorable M. Turquet, soit à l'occasion de l'un des projets renvoyés à l'examen de la Commission des Trente.

Votre instructif travail ne portât-il que ce seul fruit, que je me féliciterais de vous avoir demandé de le faire.

Je lui souhaite tous les lecteurs qu'il mérite.

EMILE DE GIRARDIN.

COMMENT ON FAIT UNE CONSTITUTION

L'étude que nous entreprenons s'adresse en même temps à ceux qu'effraye le mot seul de Convention et à ceux qui s'imaginent que l'on fonde un gouvernement avec des affirmations obstinées ou avec des combinaisons d'alchimie politique. Dans l'histoire, si fréquemment citée et si peu connue, de la Constitution américaine, les premiers trouveront la preuve qu'une réunion constituante peut fonctionner, sans le moindre péril et avec tout avantage, à côté d'une Assemblée législative; les seconds rencontreront, à chaque pas, de sévères mais utiles avertissements sur la manière dont doivent discuter et agir des hommes préoccupés, non de leurs passions et de leurs préférences personnelles, mais du souci patriotique d'assurer l'avenir de leur pays.

On s'est habitué à croire que la Constitution des États-Unis s'était, pour ainsi dire, faite d'elle-même, au lendemain de la guerre de l'indépendance, au milieu d'une bonne harmonie et d'un bon vouloir réciproques, cimentés par la victoire remportée en commun. De là, ce perpétuel argument : « qu'il n'y a aucune comparaison à établir avec l'état actuel de la France. » Nous allons montrer, l'histoire et les documents officiels à la main, que jamais, au contraire, deux situations n'offrirent entre elles analogie aussi frappante que celle de la Confédération américaine en 1786 et la nôtre en 1874. Même état précaire au dedans et vis-à-vis de l'étranger ; même désarroi des esprits ; mêmes conflits d'opinions et d'intérêts ; même incrédulité à l'endroit du système républicain, chez une partie de la nation ; enfin, comme dernier trait de ressemblance, même impuissance de l'Assemblée unique dans laquelle se résumait le gouvernement général.

Peut-être, à mesure qu'on avancera dans ce chapitre d'histoire trop oublié, reconnaîtra-t-on mieux tout ce qu'il y a d'actuel dans les enseignements qui s'en dégagent.

I

Il faut d'abord remonter à ce fait : que l'union contractée, en 1776, par les treize colonies anglaises de l'Amérique du Nord, n'avait établi entre elles aucun lien politique. Bien qu'on eût pris le titre de Confédération, ce n'était guère, en réalité, qu'une ligue momentanée d'États restés indépendants l'un de l'autre, tout en réunissant leurs efforts contre un ennemi commun. Malgré son nom, également, le Congrès continental n'avait pratiquement que le caractère et le rôle d'une réunion de plénipotentiaires autorisés à prendre certaines déterminations collectives, mais n'engageant leurs mandants que dans une limite déterminée. Même pour les affaires communes, il demeurait en fait subordonné aux législatures et aux gouverneurs des États particuliers, sans la ratification et le concours desquels il ne pouvait ni percevoir les subsides ni mettre sur pied les contingents qu'il avait votés. Plus d'une fois déjà, durant la lutte, il était résulté de là des embarras et des commencements de conflit que le sentiment de la nécessité avait conjurés, mais qui faisaient assez pressentir les difficultés du lendemain de la paix. A peine celle-ci était-elle signée, en effet, que les germes d'anarchie, les périls de dissolution apparaissaient sous toutes les formes, et bientôt Washington était amené à écrire du fond de sa retraite :

..... Je ne vois plus que l'ombre de la Confédération. Le Congrès, dont les ordres ne sont suivis d'aucune exécution, n'est qu'un corps imaginaire : c'est, selon moi, un solécisme politique. Nous voulons former une République confédérée et nous craignons de donner à ceux qui sont à la tête du gouvernement les pouvoirs nécessaires pour remplir la mission qui leur est confiée..... Les rouages du gouvernement sont continuellement entravés. Nous descendons de plus en plus de la hauteur à laquelle nous nous étions élevés.....

Et ce n'était point là un cri d'alarme jeté en passant, dans un accès de pessimisme ; la même pensée, la même appréhension dominent toute la correspondance du grand patriote à cette époque. Dans une longue lettre écrite à John Jay et consacrée tout entière à la perspective politique, nous lisons :

Je pense comme vous, monsieur : l'état de nos affaires est voisin d'une crise ; quel sera l'événement? Que de fautes nous avons commises!..... Que faire? Les choses ne peuvent rester dans cet état. Il est à craindre, comme vous le dites, que la partie la plus respectable du peuple, dégoûtée d'un système de gouvernement qui produit tant de désordre et si peu de bons effets, ne soit toute *disposée à une révolution quelconque*. Les hommes vont naturellement d'une extrémité à l'autre. Il n'appartient qu'à la sagesse et au patriotisme des citoyens éclairés de prévoir les événements et de les prévenir.

Et ailleurs :

..... J'apprends que des personnes d'un caractère honorable, effrayées de l'allure des événements, *parlent de gouvernement monarchique*. Après la pensée viennent les paroles, et des paroles aux actes il n'y a souvent qu'un pas. Mais ce pas une fois fait, quelle affreuse irrévocabilité s'y attache! Quel triomphe pour nos ennemis, qui verraient ainsi se vérifier leurs prédictions! Quel sujet de joie, pour les partisans du despotisme, d'être témoins de notre impuissance à nous gouverner nous-mêmes! C'est alors qu'ils seraient fondés à dire que tous les systèmes appuyés sur l'égalité et la liberté sont entièrement chimériques. Plaise à Dieu que l'on puisse prendre à temps les mesures nécessaires pour conjurer les conséquences qui nous menacent!.....

Détachons encore quelques lignes d'une lettre à Henry Lee :

..... Ayons un gouvernement qui nous donne la sécurité pour notre vie, nos libertés et nos biens, ou sachons une bonne fois à quoi il faut nous attendre.....

Nous pourrions multiplier ces citations et en puiser de toutes semblables dans la correspondance échangée entre les hommes que leur rôle, durant la guerre de l'indépendance, avait placés au premier rang des citoyens. Il suffira, comme tableau d'ensemble, de la page suivante, détachée d'un livre qu'écrivait, quelques années plus tard, un membre du Congrès de 1782 à 1785 :

..... L'expérience ne tarda pas à prouver combien le système existant était insuffisant pour assurer le bonheur public et maintenir la dignité nationale. Le Congrès n'avait ni le pouvoir ni les moyens de satisfaire les créanciers de la nation; il ne pouvait obtenir pour le gouvernement le respect de l'étranger. L'argent disparut; le commerce tomba dans une complète langueur; la valeur des propriétés s'avilit; le crédit fut anéanti. Les amis de la liberté et de l'indépendance commencèrent à perdre les espérances pleines de promesses qui les avaient séduits, dans les premiers moments de la révolution, et à craindre d'avoir élevé un édifice chimérique sur des bases sans consistance.....

Pendant les cinq ou six années qui suivirent la conclusion de la paix, l'éclat qui avait paru environner le berceau de la République sembla aller s'obscurcissant de jour en jour..... Les Etats-Unis n'étaient plus qu'autant de souverainetés distinctes, sans lien entre elles et incapables de l'action collective qu'exigeaient les circonstances *.

Nous voilà bien loin du riant et facile aspect sous lequel on se représente, à distance, les débuts de la jeune république américaine.

On se demande, au premier abord, comment le mal avait pu atteindre de telles proportions. Le remède n'était-il pas sous la main ? Le Congrès continental existait toujours ; quoi de plus simple, pour lui, que de continuer ce rôle de régulateur qu'il avait joué avec tant de tact et de fermeté de 1776 à 1783 et auquel le pays était, en grande partie, redevable de la conquête de son indépendance ? Les institutions qui avaient aidé la Confédération improvisée à traverser la crise de sa libération, étaient l'œuvre de l'Assemblée restée en permanence ; qui donc empêchait celle-ci de les modifier, de les corriger, de les compléter, de les adapter aux besoins nouveaux qui se révélaient ? N'avait-elle pas les mêmes pouvoirs qu'à l'origine ? Son prestige et son autorité ne devaient-ils pas avoir grandi, en raison des services qu'elle avait rendus ?

* David Ramsay, *Vie de Washington.*

Eh bien, non; aucune de ces choses si naturelles et si justes en théorie n'était ni possible ni vraie dans la pratique, et c'est ici qu'apparaît la grande leçon historique, dont nous avons à faire notre profit. Le Congrès était devenu d'autant plus impuissant qu'il avait fait une plus grande dépense de force. A lutter contre des difficultés sans cesse renaissantes, il avait usé son influence sur l'opinion publique. En multipliant les compromis au jour le jour, il avait perdu toute unité intérieure. Six années passées à vivre de transactions imposées par les circonstances et subies à contre-cœur avaient épuisé son crédit moral auprès des populations, en même temps qu'anéanti le véritable esprit de concorde dans son propre sein. Chacune de ses tentatives pour reprendre en sous-œuvre l'édifice provisoire dont il avait été l'architecte, ne faisait qu'augmenter le danger d'un écroulement total.

II

Au commencement de l'année 1785, la dislocation était devenue imminente et semblait presque inévitable. Le gouverneur Bowdoin, du Massachusetts, osa le premier prononcer publiquement le mot vrai de la situation. Dans un message adressé à la législature de son État, il demanda que la révision des « articles de confédération » fût mise à l'ordre du jour, et que le Congrès, devenu incapable d'opérer cette révision lui-même, décrétât la réunion d'une Convention spéciale chargée d'y procéder. Cette requête, sanctionnée et appuyée par un vote de la législature, fut transmise au Congrès; mais celui-ci ne la laissa pas même mettre en délibération. Il n'admettait point le partage, encore moins l'abdication du pouvoir constituant, et persistait à le revendiquer pour lui seul, au cas où il y aurait lieu de l'exercer.

La Virginie, alors, prit une de ces initiatives qui ont fait d'elle la directrice politique de l'Union, dans toutes les heures critiques de cette première période. Le 21 janvier 1786, l'Assemblée des délégués virginiens désigna cinq commissaires chargés de provoquer une conférence avec des représentants nommés au même titre par les autres Etats. Officiellement, l'objet de cette conférence devait se borner à l'élaboration d'un système de législation commerciale commune; mais il était clair pour tout le monde — et les promoteurs de la démarche ne cherchaient nullement à le cacher — que le premier pas conduirait inévitablement à un second beaucoup plus important et que la question inscrite au programme n'était qu'un moyen d'engager la délibération générale.

L'appel trouva de l'écho et l'on put croire tout d'abord qu'il allait aboutir à un résultat immédiat. Mais lorsque, au mois de septembre suivant, les commissaires virginiens arrivèrent à Annapolis, choisie pour lieu de rendez-vous, ils n'y rencontrèrent que les délégués de quatre autres Etats : New-York, New-Jersey, Pensylvanie et Delaware. « Vous me demandez — écrivait à ce » propos le général Knox à Washington — les motifs qui » ont empêché les Etats de l'Est de se rendre à la con- » férence. Il est assez difficile de répondre avec exacti- » tude. Peut-être la torpeur dans le New-Hampshire ; l'a- » nimosité des factions dans le Rhode-Island ; la jalousie » dans le Connecticut. » Ces quelques lignes donnent une idée des sentiments auxquels allaient se heurter, et de la tâche qu'allaient avoir devant eux les fondateurs de la future nationalité américaine.

Le début était peu encourageant. Que pouvaient faire les représentants de cinq Etats, munis de pouvoirs équivoques et limités, alors que les huit autres membres de la Confédération semblaient, par leur absence, repousser d'avance tout ce qui serait fait ou tenté ? Il n'y avait guère d'autre parti à prendre que d'abandonner l'entreprise, et c'est ce qui fût advenu, en effet, si parmi les délégués ne se fût trouvé un homme chez qui l'énergie et la décision égalaient la prévoyance. Dès l'année 1780, Hamilton avait signalé l'insuffisance du pacte momentané qui liait les colonies, pour fonder une nation. Avant même que la guerre fût terminée, il avait suggéré l'idée d'une Convention constituante, et l'avait constamment poursuivie depuis lors. Il comprit, à Annapolis, que tout était perdu, si l'effort commencé se dénouait par un avortement. Ralliant ses collègues, déjà prêts à se séparer, il leur communiqua, avec sa conviction, son ardeur patriotique.

Malgré le petit nombre de ses membres, la conférence s'organisa, entra en délibération et formula une déclaration en règle, sur la nécessité d'aviser à un ensemble de mesures pour empêcher la rupture du lien fédéral. Son président, M. Dickinson, fut chargé de communiquer officiellement cette déclaration aux autorités de tous les Etats, en les invitant à imposer au Congrès, par des requêtes respectives, la convocation d'une Convention dans le plus bref délai possible.

Le coup porta, cette fois.

L'un après l'autre, les Etats restés en dehors de la réunion d'Annapolis appuyèrent de leurs voix la résolution qui y avait été prise. Le Congrès essaya encore de résister, mais il dut céder, sous la pression chaque jour plus forte d'une opinion dont l'anxiété croissante augmentait l'unanimité. Le 21 février 1787, après une dernière tentative d'ajournement, il adopta la résolution suivante :

Attendu que les articles de Confédération et de perpétuelle Union (*Articles of Confederation and Perpetual Union*) admettent l'éventualité de modifications à y introduire, pourvu que ces modifications soient ratifiées par le Congrès des Etats-Unis et par les législatures des différents Etats;

Attendu que, pour remédier aux défauts de la Constitution existante, plusieurs Etats, notamment celui de New-York, ont, par la voix de leurs délégués au Congrès, émis l'avis de réunir une Convention pour l'objet ci-dessus indiqué;

Et attendu qu'une telle Convention paraît devoir remplir toutes les conditions requises pour instituer dans ces Etats un gouvernement national;

Résolu que, le deuxième lundi du mois de mai prochain (1787), il se réunira à Philadelphie une Convention de délégués nommés par les différents Etats, pour le seul et formel objet de réviser les articles de la Confédération et de présenter au Congrès et aux différentes législatures telles modifications et dispositions qui, après avoir été adoptées par le Congrès et confirmées par les Etats, soient de nature à mettre la Constitution fédérale en harmonie avec les exigences du gouvernement et le maintien de l'Union.

On était enfin sorti de l'impasse. Tout restait à faire, sans doute, et l'on devait voir, dès les premiers pas, de quels obstacles était semée la route à parcourir. Mais du moins cette route était désormais ouverte; la barrière parlementaire n'en fermait plus l'entrée. La Convention de Philadelphie allait puiser, dans sa composition comme dans le caractère spécial de son mandat, la force d'accomplir la tâche de reconstitution nationale dans laquelle avait échoué depuis quatre ans et aurait perpétuellement échoué cette ombre de corps politique qui conservait encore, par tradition, le titre de Congrès.

Il nous reste à suivre la nouvelle Assemblée dans la marche laborieuse, qui, après de si pénibles débuts, devait la conduire à un si grand résultat.

**

III

« Il faut de grandes qualités de caractère pour doter
» d'un système de gouvernement un grand pays, par-
» tagé entre des intérêts divers. Le talent n'y suffit pas ;
» l'intelligence et l'habileté ne peuvent seuls embrasser
» une telle œuvre.

» Les hommes appelés à y travailler doivent être
» complets au point de vue moral. Il ne s'agit pas seu-
» lement, en effet, d'imaginer des plans, de créer des
» titres, de distribuer des juridictions et des pouvoirs.
» Il s'agit d'adapter, d'ajuster entre eux des intérêts
» contraires, de concilier des prétentions opposées. Il
» faut savoir reconnaître et accepter comme nécessaires
» de grands expédients ; il faut sacrifier souvent des
» points de prédilection ou d'intérêt particulier au grand
» but commun de donner le plus grand bonheur possi-
» ble au plus grand nombre possible. Il suit de là que,
» pour être menée à bien avec succès, cette vaste entre-
» prise exige un profond sentiment de justice, un grand
» esprit de condescendance, une haute dose de magna-
» nimité et de patriotisme ; elle demande enfin cette
» santé intellectuelle, pour ainsi dire, qui exclut le fa-
» natisme et l'intolérance aussi bien que le servilisme
» égoïste des intérêts et de l'opinion. »

C'est en ces termes que M. Georges Ticknor Curtis,
écrivant l'histoire de la Constitution américaine, et par-
venu au moment où va se réunir la Convention de Philadelphie, énumère les qualités dont allaient avoir à
faire preuve les hommes chargés d'arrêter l'Union sur
la pente de l'anarchie. La page n'est pas seulement d'un

annaliste fidèle ; elle est d'un philosophe politique qui, dans l'étude et le récit du passé, cherche la vérité immuable et l'enseignement pour l'avenir. Les citoyens des Etats-Unis sont en droit de la lire avec un légitime orgueil, car elle rappelle les titres d'honneur de leurs ancêtres ; mais elle a le même intérêt et la même actualité pour quiconque aspire à fixer les destinées de son pays, en modifiant ses institutions. Elle rappelle à tous quelles conditions doit remplir un constituant digne de ce nom.

Ces conditions, les Etats-Unis eurent la bonne fortune providentielle de les trouver réunies, à un rare degré, chez les principaux membres de l'Assemblée entre les mains de laquelle venaient d'être remises leurs destinées. Il ne faut rien surfaire, cependant, ni exalter à l'extrême un temps et un pays, pour rabaisser par comparaison le pays et le temps où nous vivons. La situation particulière faite au nouveau corps délibérant fut pour une large part dans la marche des débats et dans le dénoûment qui en sortit. Cette situation avait, en effet, l'immense avantage d'isoler les délégués de toute discussion accessoire ; elle les mettait à l'abri des controverses irritantes que soulève, dans une Assemblée ordinaire, l'incident de chaque jour. Il n'y avait et ne pouvait y avoir, pour eux, ni questions de détail, ni questions de personnes. Sans cesse face à face — on peut même dire aux prises — avec l'unique objet de leur mission, rien ne venait les détourner du sentiment de leur responsabilité et leur faire perdre de vue les conséquences irréparables d'une résolution prise sous le coup d'un emportement de séance. Qui sait si, dans la mêlée fiévreuse d'une arène parlementaire, les mêmes hommes eussent déployé les mêmes qualités et réussi à accomplir la même œuvre ? Si l'on excepte Washington, dont la grandeur de caractère a vraiment eu quelque chose de surhumain, ceux qui exercèrent la plus heureuse et la plus décisive influence sur les délibérations étaient loin d'être exempts de passions. Randolph et Hamilton, notamment, qui jouèrent l'un et l'autre un rôle prépondérant dans la longue série de compromis par lesquels on dut passer, étaient deux natures ardentes, faites pour le combat bien plus que pour la transaction. Rarement on a eu l'occasion de voir d'une manière plus saisissante à quel point la conduite des hommes et la possibilité des choses dépendent des circonstances. La vraie sagesse américaine fut de placer les auteurs de la Constitution dans des circonstances favorables.

Repoussons donc, comme le disait naguère un orateur avec une patriotique éloquence, repoussons « ces théo-
» ries qui nous enferment dans la fatalité de la race,
» nous refusent toute capacité politique et nous condam-
» nent à errer toujours autour de la terre promise de la
» liberté sans pouvoir y pénétrer *. »

IV

La procédure adoptée eut également son importance.

Le nombre total des délégués élus pour faire partie de la Convention fut de soixante-quatre, diversement répartis entre douze États. Le Rhode-Island refusa jusqu'au bout de prendre part aux délibérations. De son côté, le New-Hampshire ne se décida à envoyer ses députés que deux mois après l'ouverture des travaux; ceux du Connecticut arrivèrent en retard de quinze jours; enfin, huit délégués de divers États ne vinrent

---

.* M. Ernest Fontanes. *Conférences françaises de Strasbourg.*

jamais prendre séance. Tout compte fait, lorsqu'elle s'organisa le 23 mai 1787, l'Assemblée comptait quarante-neuf membres présents et dix États représentés.

Le mode de votation fut nécessairement celui qui était en vigueur dans le Congrès, le seul compatible avec la situation existante : une voix à chaque État, les membres de sa délégation décidant entre eux dans quel sens devait être donné ce vote collectif; en cas de désaccord au sein d'une délégation, l'État qu'elle représentait était censé s'abstenir. Par un premier compromis, qui révélait déjà le désir d'écarter autant que possible les difficultés incidentes, il fut entendu que les États ne votant pas ne seraient point comptés dans le calcul de la majorité absolue. Peut-être toute la suite dépendit-elle de ce point de départ. Les décisions les plus délicates furent presque toutes prises à la simple majorité relative de cinq voix contre trois ou quatre, avec deux ou trois abstentions. Si la majorité absolue proprement dite avait été exigée, on se fût trouvé arrêté presque dès le début.

Les votes que nous venons de citer indiquent d'eux-mêmes la formation de deux camps parfaitement distincts au sein de la Convention. D'un côté, cinq Etats étroitement unis dans la pensée de créer une grande unité nationale, d'établir, par conséquent, un gouvernement général fortement cimenté; de l'autre, sept partisans de la Confédération telle qu'elle existait, repoussant avec plus ou moins d'obstination tout ce qui devait tendre à amoindrir les autonomies particulières en fortifiant le pouvoir central. Que chacun de ces partis se fût cantonné dans son opinion, avec l'étroite obstination dont nous avons eu trop souvent le spectacle, et c'en était fait de la future Union. Heureusement pour celle-ci, la fermeté des convictions unitaires n'allait pas plus jusqu'à l'absolutisme chez les uns, que l'attachement aux intérêts particuliers n'allait jusqu'à l'égoïsme aveugle chez les autres. Aussi, ce qui, ailleurs, fût trop probablement resté antagonisme irréconciliable, devint-il, par degrés, une lutte toujours passionnée, mais au milieu de laquelle la voix du patriotisme et de la raison conserva le droit de se faire entendre aux heures critiques.

Comme dernier détail préliminaire, il n'est pas sans intérêt de donner, dans son texte même, la déclaration par laquelle l'Assemblée générale de la Virginie adhéra officiellement au principe de la Convention, en pourvoyant à la nomination des commissaires chargés de l'y représenter.

Voici en quels termes fut libellé ce document :

Attendu que les commissaires réunis à Annapolis, le 14 septembre dernier, à l'effet de mettre le Congrès en mesure d'adopter des mesures efficaces pour sauvegarder les intérêts commerciaux des Etats-Unis, ont reconnu la nécessité d'étendre la révision du système fédéral à tout ce qu'il présente de défectueux, et ont proposé la nomination, par les différentes légistures, de députés devant se réunir en Convention à Philadelphie le deuxième lundi du mois de mai prochain;

Attendu que ce mode de procéder *est préférable à une discussion au sein du Congrès où elle serait trop souvent interrompue par les travaux ordinaires de cette Assemblée, et serait, en outre, privée des conseils précieux* de nombre de personnes qui, aux termes de la constitution ou des lois régissant les différents Etats, n'auraient pas qualité pour y prendre part ou seraient empêchées par suite de circonstances particulières de siéger dans cette Assemblée:

Attendu que l'Assemblée générale (de Virginie), prenant en considération la situation actuelle de la Confédération, et après avoir réfléchi sur les représentations alarmantes faites itérativement par les Etats-Unis réunis en congrès, notamment le 15 février dernier, ne peut plus douter que la crise en soit arrivée à un point où le bon peuple d'Amérique doit prendre une décision solennelle sur la question de savoir si, par de sages et magnanimes efforts, il veut récolter les justes fruits de l'indépendance qu'il a conquise si glorieusement, et de

l'union qui a été cimentée au prix de tant de sang répandu ;
ou bien, si, laissant le champ libre à des jalousies et à des
préjugés qui n'ont rien de viril, obéissant à des intérêts particuliers et transitoires, il entend renoncer aux bienfaits que
lui a préparés la révolution et fournir à ses ennemis l'occasion
d'un triomphe éclatant sur les hommes qui ont accompli cette
révolution grâce à leur vertu et à leur courage ;

Attendu que les mêmes sentiments de politique noble, de
fraternité et d'affection qui, à l'origine, ont déterminé les
citoyens de cette République (la Virginie) à s'unir à leurs
frères des autres Etats en vue d'établir un gouvernement
fédéral, ne peuvent manquer d'être ressentis avec la même
force, aujourd'hui qu'il s'agit de mettre de côté toute considération d'ordre inférieur pour se laisser d'accord sur les
mesures propres à atteindre le but en vue duquel a été
institué le gouvernement, à savoir : Rendre les Etats-Unis
aussi heureux pendant la paix qu'ils ont été glorieux durant
la guerre ;

L'Assemblée ordonne que sept commissaires seront nommés.....

Dans sa brièveté technique et quelque peu sèche, cette
déclaration résume avec une précieuse netteté et les
motifs déterminants de la résolution qu'elle consacre, et
la redoutable alternative qu'il s'agissait de conjurer, et
le devoir que la Virginie dictait aux mandataires qu'elle
envoyait à Philadelphie. Elle laisse, toutefois, dans un
vague absolu, la limite matérielle des pouvoirs conférés
à ces mêmes mandataires. Cette réticence, qui se re-
trouve, d'une manière encore plus marquée, dans les
lettres de créance de tous les autres délégués, pouvait
être un écueil. On verra comment elle devint, au contraire, un argument tutélaire entre les mains de ceux
qui, une fois la Convention réunie, étaient décidés à ne
pas la laisser se séparer sans avoir posé les fondements
d'un édifice politique durable.

V

On a prétendu, à tort, que la question de République ou de Monarchie avait été agitée au sein de la Convention américaine. Le dilemme ne fut pas un seul instant posé et le terme de royauté n'apparaît nulle part dans la discussion. Mais ce serait une erreur de croire, pour cela, que l'idée d'un gouvernement républicain rencontra tout d'abord une adhésion spontanée et un assentiment unanime.

Quand, au lendemain d'un changement politique, la gêne matérielle et le malaise moral se mettent parmi les populations, il est presque inévitable que celles-ci tournent un regard de regret vers l'ancien ordre de choses. L'avenir leur semble fermé ; elles ne voient que les maux du présent et ne se rappellent plus que les beaux côtés du passé. A peine en possession depuis trois ou quatre ans de l'indépendance, pour la conquête de laquelle elle avait déployé tant de courage, de persévérance et d'abnégation, une partie de la nation américaine en était arrivée à cet état d'esprit que nous connaissons si bien. Personne, assurément, ne parlait de se replacer sous la domination de l'Angleterre ; mais on prononçait le mot de protectorat ; on mettait en doute la possibilité de s'organiser et de marcher en avant sans l'appui d'une puissance européenne. D'autres, ainsi que le constatait Washington dans une des lettres que nous avons citées, ne voyaient rien de stable à fonder en dehors d'une monarchie *. Dire qu'il y avait un parti étranger ou un

---

* La *Pennsylvania Journal* constate que, pressés de questions sur le régime futur qu'ils préparaient, les délégués répondirent un jour : « Nous ne pouvons vous dire ce que nous faisons ; mais nous pouvons vous dire ce que nous ne faisons pas..... *Nous ne faisons pas un roi.* » Ce mot fait entrevoir quelles étaient les préoccupations dominantes.

parti royaliste serait aller trop loin ; mais la double ten-
dance existait au fond de bien des pensées et se tradui-
sait par une sorte d'incrédulité résistante, à l'endroit
des projets d'institutions républicaines définitives. Il y
avait plus : derrière la revendication opiniâtre d'une
autonomie sans réserve ni contrôle, certains États ca-
chaient, à n'en pas douter, l'intention déjà presque ar-
rêtée de se rapprocher de leurs anciens suzerains, beaucoup plus que de leurs nouveaux confédérés.

C'était comme un courant latent dont l'influence oc-
culte, mais puissante, se fait sentir en vingt endroits à
travers les débats de la Convention, et contre lequel
elle eut à lutter du premier au dernier jour de sa tâche.

La nature et l'ordre des questions à discuter étaient,
du reste, à eux seuls, un problème dangereux, un dédale
où l'on risquait de s'égarer. Aussi prit-on la précaution
de traiter ce sujet délicat dans des pourparlers prélimi-
naires. A l'ouverture de la première séance officielle,
un projet de Constitution, présenté par M. Randolph au
nom de la délégation virginienne, coupa court à toute
discussion oiseuse sur le règlement de l'ordre du jour.
Ce projet offrait à l'Assemblée un plan d'études préparé
d'avance et qui embrassait, dans un ensemble logique,
les cent points de détail au milieu desquels on se fût
probablement perdu en voulant les aborder isolément.
Quoiqu'elle allât à l'encontre de bien des idées, la proposition de M. Randolph, désignée plus tard sous le
nom de proposition de la Virginie, fut acceptée d'un
commun accord comme premier texte de délibération.
Sans autre préambule, la Convention se constitua en
comité général pour en commencer l'examen *.

* Lorsque] les] assemblées américaines se forment en « Comité
général, » le président quitte le fauteuil, où il est remplacé par un
membre quelconque chargé de diriger ces débats accessoires. La
Chambre, alors, bien que siégeant au complet, discute et prononce à
titre purement consultatif. Ses votes n'ont pas ₁d'autre valeur que

Le plan mis en délibération n'était pas autre, en réalité, que l'esquisse sommaire de la Constitution des Etats-Unis, telle que nous la connaissons aujourd'hui. Il débutait par l'institution d'un gouvernement *national*. C'était trancher, d'un seul mot, la question capitale et substituer, en fait, l'Union à la Confédération. Aussi les adversaires de cette transformation se hâtèrent-ils d'objecter que la Convention outre-passait son rôle et son mandat. Ils rappelèrent qu'elle avait été essentiellement convoquée pour codifier la législation commerciale des divers États et arriver à l'établissement d'un régime douanier uniforme, non pour faire l'œuvre politique à laquelle on voulait l'entraîner. Ils alléguèrent le caractère spécial et restreint de la mission assignée à la plupart des délégués par leurs lettres de créance. Quelques-uns allèrent jusqu'à menacer de se retirer, si l'on passait outre au débat sur des questions qui dépassaient, disaient-ils, la compétence de l'Assemblée.

A cette argumentation et à cette menace, il fut répondu que le mandat réel de la Convention était de conjurer le péril de dislocation qui menaçait la Confédération; que l'unité commerciale et douanière était inséparable de l'unité politique; qu'au surplus la discussion en cours n'avait d'autre portée que celle d'un examen préliminaire de certaines idées générales, la question d'application demeurant entièrement réservée.

Grâce à ce raisonnement, l'écueil fut franchi sans encombre et le principe d'un gouvernement national put être adopté par six voix contre un seul vote négatif (celui du Connecticut), les autres États s'étant abstenus par suite de partage au sein de leurs délégations. Mais ce résultat, si heureux et si considérable qu'il parût,

---

ceux d'une commission ordinaire, et les résolutions qu'elle adopte sont remises en discussion comme des simples propositions.

n'établissait, en définitive, qu'une sorte d'accord plato-
nique sur un point abstrait tenant beaucoup plus du
désir que de la réalité. Les dissidences devaient inévitablement se reproduire à chaque pièce du nouveau mé-
canisme gouvernemental que l'on voudrait mettre en
place. Si l'on excepte, en effet, le principe des deux
Chambres, contre lequel les délégués de la Pensylvanie
furent seuls à voter, par déférence pour les idées particulières de Franklin, il n'est pas une phrase du plan
constitutionnel que la discussion ait franchie sans orages
et sans danger de rupture.

Il faut, au surplus, reconnaître que chacune de ces
phrases impliquait une véritable révolution.

Jusqu'alors, le Congrès continental avait parlé au nom
des *États;* on proposait que le nouveau pouvoir central
parlât au nom du *Peuple*, donnant ainsi le pas à la masse
nationale sur les souverainetés locales. La nomination
des députés était faite en tel nombre et dans telle forme
que le comportait respectivement la législation électorale de chaque Etat ; il s'agissait maintenant de donner
à la représentation parlementaire une base commune,
en la proportionnant, d'une part, au chiffre de la population ou à la valeur de la propriété, et en conférant, de
l'autre, le droit d'élection, non pas aux législatures,
mais au peuple lui-même. Autre problème plus épineux
encore : les législatures d'Etat conserveraient-elles le
privilége de ratifier ou de rejeter les résolutions prises
par le Congrès? Celui-ci aurait-il, au contraire, avec le
droit de législation suprême, la faculté d'infirmer les
lois d'Etat qui iraient à l'encontre, soit du pacte constitutionnel, soit de ses propres décisions? Venait, enfin,
la question des noirs, non pas au point de vue du maintien ou de l'abolition de l'esclavage, contre lequel personne ne protestait alors, mais pour décider comment
seraient comptés les gens de couleur libres et comment

seraient considérés les esclaves, dans le dénombrement et le calcul de la population électorale.

VI

Si graves et si nombreuses que soient les questions qui agitent et divisent la France de 1874, on voit que celles qu'avait à résoudre la Convention américaine de 1787 n'étaient ni moins nombreuses ni moins ardues. Comme le dit avec une haute raison un historien moderne des Etats-Unis : « Certains de ces débats peuvent faire sou-
» rire aujourd'hui ; mais ne nous laissons pas aller à ju-
» ger des obstacles qu'il s'agissait *alors* de vaincre par
» les heureux résultats qu'a donnés *depuis lors* le système
» adopté. » Et le même écrivain ajoute un peu plus loin, à propos d'une des crises multiples qui faillirent amener la brusque séparation des délégués : « Que le lecteur
» remarque ici le danger de s'attacher aux principes
» *purement théoriques* en matière de gouvernement. »

C'est le conseil qui ressort à tout moment des souvenirs que nous évoquons. Si, en effet, les délibérations de Philadelphie étaient restées circonscrites dans le cercle des idées préconçues qu'avait apportées chacun des délégués, ou même des idées qui avaient cours à l'époque, jamais la Constitution des Etats-Unis n'eût été faite, et la grande nation qui a changé la face du nouveau monde ne présenterait probablement, à l'heure actuelle, qu'une agglomération de populations morcelées et rivales. Ce fut, suivant une heureuse et pittoresque expression, en allant « *du nécessaire au possible* » que la Constituante américaine, partagée au début par des divergences de vue en apparence inconciliables, arriva graduellement à une entente réputée chimérique et qui devait, pour le bien de tous, s'imposer au pays entier.

Le 19 juin, la discussion du comité général était terminée. Elle avait duré vingt jours et donné pour résultat une ébauche constitutionnelle dont les traits principaux étaient :

1° Création d'un gouvernement *national*, chargé d'administrer au nom du *peuple* des Etats-Unis et composé : d'un chef unique du pouvoir exécutif; d'un pouvoir législatif divisé en deux Chambres; d'un pouvoir judiciaire chargé d'assurer le respect des lois fédérales ;

2° Suprématie absolue du gouvernement national sur les gouvernements d'Etat, avec mission de garantir à ceux-ci le maintien des institutions républicaines et de les protéger contre tout danger venant, soit du dedans, soit du dehors; mais avec le droit, aussi, de leur imposer, fût-ce par la force, l'observation des engagements constitutionnels ;

3° Election de l'exécutif par le vote populaire, pour sept ans ; élection de la Chambre des représentants par le même vote, pour trois ans ; élection du Sénat par les législatures, pour une période septennale, comme le chef du pouvoir exécutif; nomination par le Sénat des magistrats de la cour suprême;

4° La représentation proportionnelle calculée, pour l'une et l'autre Chambre, d'après la population, les gens de couleur étant comptés pour les trois cinquièmes de leur nombre;

5° Vote *par tête* dans la Chambre des représentants; vote *par État* dans le Sénat;

6° Toute la législation commerciale et douanière, toutes les relations étrangères remises entre les mains du gouvernement central ;

7° Prolongation des pouvoirs du Congrès existant jus–

qu'à une période déterminée après l'adoption définitive des nouvelles institutions.

On voit quel chemin la Convention avait fait, comparativement aux « articles de confédération ». Ce n'était toutefois qu'un résultat provisoire, une première étape parcourue. Il en restait encore deux autres à franchir et trois mois d'efforts à traverser, avant d'arriver au but.

VII

Il y a, dans les premiers moments qui suivent une concession faite, un sentiment de regret mêlé de dépit et un penchant à ressaisir ce que l'on a abandonné, pour peu qu'il en soit temps encore. Cette situation d'esprit était à peu près celle de la Convention de Philadelphie, lorsque, arrivée au moment des décisions pratiques, elle reprit en sous-œuvre, comme Assemblée délibérante, le travail préparatoire qu'elle venait de faire en comité général. Maintenant qu'ils avaient devant les yeux l'ensemble des résolutions qu'on leur avait ou imposées ou fait accepter à titre provisoire, les partisans de l'autonomie des États mesuraient le terrain qu'ils avaient perdu. Ce fut avec la ferme intention de le reconquérir en partie, ou de rompre les délibérations, qu'ils abordèrent la nouvelle phase du débat constitutionnel.

Le chapitre relatif à la composition, aux pouvoirs et au rôle des deux Chambres futures vit recommencer la lutte avec un redoublement d'ardeur et d'opiniâtreté. Chose digne de remarque, cependant : il ne fut pas un seul instant question de revenir à l'Assemblée unique dont on avait le modèle sous les yeux, dans le Congrès déjà existant. Le principe de la dualité législative reçut, au contraire, une ratification absolument unanime, cette fois. Mais, en même temps, réparaissait l'idée de faire à la législature nationale une position subordonnée vis-à-vis des législatures d'État. Les anti-centralistes essayèrent, sinon de reconquérir pour ces dernières le droit de révision qu'elles avaient exercé jusque-là sur les actes du Congrès, tout au moins d'enlever aux nouvelles Chambres fédérales la suprématie sans limites que leur conféraient les dispositions adoptées sur la proposition de M. Randolph. Ils échouèrent, peut-être par la seule raison qu'ils venaient se heurter contre un premier vote; mais leur irritation s'en accrut et ne tarda pas à éclater avec une violence qui mit, plus que jamais, l'œuvre constitutionnelle à deux doigts d'un brusque avortement.

Dans le premier débat, le chiffre de la population avait été pris comme base uniforme pour déterminer le nombre des membres du Sénat, aussi bien que de la Chambre des représentants. Quant à celle-ci, la décision fut maintenue sans trop d'objections; mais l'application du système de proportionnalité aux sénateurs rencontra une résistance invincible. Les États les moins considérables s'écrièrent, non sans quelque apparence de raison d'ailleurs, qu'on voulait les réduire à une situation de perpétuelle minorité. Tous les expédients mis en avant pour calmer les esprits et tourner la difficulté furent tour à tour repoussés. Un moment vint où la Convention se vit immobilisée par un vote obstiné de cinq voix contre cinq, la Georgie s'étant renfermée dans l'abstention. L'Assemblée se sépara en tumulte et l'on put croire qu'elle ne se réunirait plus. On entendit même, au milieu de ce désordre passionné, des délégués parler « d'en
» appeler à un allié étranger, pour se soustraire à la ty-
» rannie des grands États. »

Un suprême acte de sagesse arrêta la rupture plus d'à

moitié accomplie. Les hommes que la perspective des calamités prêtes à fondre sur la patrie commune réunissait toujours dans une pensée d'abnégation, aux heures difficiles, combinèrent de nouveau leur énergie et leur influence. Déroulant aux yeux de leurs collègues le tableau des malheurs qu'allait faire éclater un pareil dénoûment, ils obtinrent, comme dernière tentative de conciliation, la nomination d'un comité spécial, composé d'un délégué par État et chargé de voir s'il n'y avait pas moyen de trouver un terrain de compromis. Après plusieurs séances, à peine moins orageuses que ne l'avait été celle de la Convention elle-même, ce comité, obéissant à la voix patriotique de Franklin, parvint à s'entendre sur un plan mixte, qui consistait à donner à chaque État un nombre fixe et égal de sénateurs, en attribuant, par compensation, à la Chambre des représentants, une priorité exclusive en matière de lois de finances.

Ici se présente une nouvelle leçon pour les législateurs de tous les temps. La combinaison que nous venons d'exposer est une des parties de la Constitution américaine qui devait, par la suite, fonctionner le plus heureusement et donner les meilleurs résultats. Peu s'en fallut pourtant qu'elle ne fût repoussée, et cela même par les membres de l'Assemblée qu'animait le plus pur patriotisme. Madison, entre autres, s'accusait loyalement, quelques années plus tard, de l'avoir combattue. Le double vote auquel elle fut soumise équivalait en fait à un rejet. A la première épreuve, elle réunit cinq voix affirmatives contre trois voix négatives et trois abstentions; à la seconde, cinq voix affirmatives, quatre voix négatives et deux abstentions. Sans la règle tutélaire adoptée au début pour le calcul de majorité, le compromis avortait et, avec lui, la Constitution elle-même.

La présidence de la République faillit devenir une autre pierre d'achoppement. La durée, nous l'avons dit, en était fixée à sept ans. Quelques-uns trouvaient la période trop longue. Par contre, une forte minorité demandait la présidence à vie, ou, ce qui revenait au même, pour aussi longtemps que le chef du pouvoir exécutif n'aurait pas démérité (*During good behaviour*). Le mode d'élection n'était pas moins vivement contesté. Afin de ne pas tomber dans un nouveau conflit, on dut se résoudre à renvoyer l'ensemble de la question au comité qui allait recevoir mission de donner une forme définitive aux résolutions successivement adoptées.

On prit le même parti pour presque tous les points épineux. L'incident survenu à propos du Sénat avait fait sentir le danger qu'il y aurait à trop multiplier les débats en séance plénière.

Ce fut seulement le 24 juillet, après cinq semaines d'une discussion dont nous avons dû nous borner à indiquer le caractère général et à mentionner les principaux incidents, que put être enfin nommé le « Comité de détail », composé de cinq membres. Le titre qu'on lui donna était on ne peut plus exact, car les détails qu'on lui laissait à régler étaient sans nombre et touchaient, par vingt endroits, aux questions de principe les plus essentielles.

VIII

En même temps que la Constitution ébauchée, les nouveaux commissaires reçurent un double contre-projet, émanant de MM. Pinckney et Paterson, du New-Jersey, et dans lequel se trouvait résumé le système de gouvernement des autonomistes. Sauf un peu plus d'étendue donnée aux facultés du Congrès, l'institution d'un chef du pouvoir exécutif et la création d'un tribunal suprême d'appel, le « plan du New-Jersey » équivalait à la continuation pure et simple de l'état de choses existant. Peut-être, présenté au début des travaux de la Convention, eût-il contre-balancé le « plan de la Virginie », car il répondait à bien des vœux plus ou moins avoués. Mais au moment où il se produisit, la persévérance des partisans d'un gouvernement national avait grandement modifié les opinions ; les avantages de l'idée qu'ils personnifiaient étaient devenus trop manifestes pour qu'il fût possible d'aller à l'encontre.

La première délibération avait fait triompher leur principe, sous le voile d'un débat préliminaire ; la seconde venait de résoudre une partie des difficultés d'application. Le « Comité de détail » comprit qu'il n'avait plus à opter entre deux systèmes et que sa mission se bornait à préparer, pour la mise en pratique, l'unique plan dont il pût être désormais question.

L'étude du travail auquel il se livra, et qui dura près de deux mois, montre à quel point la Convention fut heureusement inspirée, le jour où elle fit trêve à la discussion générale et confia à cinq de ses membres le soin d'achever son œuvre à huis clos. En voyant tout ce qui restait à préciser, à éclaircir, à déterminer avant d'avoir édifié un gouvernement sur les bases acceptées, on se dit que jamais l'Assemblée n'en fût venue à bout. Pour s'en rendre compte, il suffit de comparer l'esquisse que nos lecteurs connaissent, à la Constitution des Etats-Unis, telle qu'elle fut votée le 17 septembre, sur le rapport du comité ; telle, du reste, qu'elle est encore aujourd'hui, à quelques amendements près.

La Convention, en réalité, s'était bornée à tracer un cadre politique ; il fallait le remplir. Outre le mode d'élection du président et la durée de son administration, restait à prévoir l'éventualité de sa mort ; à régler ses attributions et sa situation, tant vis-à-vis des Chambres que vis-à-vis des conseillers dont il croirait devoir s'entourer; à définir le rôle de ces mêmes conseillers et leur position devant le Congrès; les droits respectifs et l'action commune des deux branches du pouvoir législatif; le mode de votation des États dans le Sénat; enfin, le but, le fonctionnement et l'étendue du pouvoir judiciaire. A ces problèmes de gouvernement proprement dits, se juxtaposaient ceux relatifs aux relations des Etats entre eux et avec l'autorité centrale; la question des douanes extérieures et des douanes intérieures; celle des emprunts et des impôts généraux, des emprunts et des impôts particuliers; celle de l'extradition réciproque, soit des criminels, soit des esclaves fugitifs; celle de la juridiction sur les territoires non encore peuplés et administrés, — en un mot, le vaste ensemble des obligations et des droits mutuels entre une agglomération de communautés jusque-là [complétement autonomes et qui, tout en consentant par nécessité à se fondre dans une nationalité unique, sous [la main d'un pouvoir central, demeuraient jalouses à l'excès de leur indépendance et prétendaient en abdiquer le moins possible.

Nous n'avons pas à donner ici le détail des solutions que reçurent, l'un après l'autre, ces difficiles problèmes dans la dernière élaboration à laquelle ils furent soumis. Notre but, en entreprenant ce travail, n'a pas été de résumer, d'expliquer ou de commenter la Constitution américaine. Frappés d'une coïncidence saisissante de situations, nous avons seulement voulu rappeler dans quelles circonstances, analogues aux nôtres, fut entreprise l'œuvre de cette Constitution, et par quels moyens elle put être menée à bien contre toute espérance. Ce but, nous espérons l'avoir rempli. Il nous suffira d'ajouter que, après avoir été divisée en deux fractions presque hostiles pendant toute la durée de ses travaux, après avoir été à plus d'une reprise sur le point de se séparer en état de guerre ouverte, la Convention de Philadelphie accepta finalement, à l'unanimité des onze États représentés au moment du vote général, le travail de ses commissaires.

Il ne tient qu'à nous de faire, en 1874, ce qui s'est fait aux États-Unis en 1787. Les mêmes moyens sont à notre portée.

A ceux qui nous reprocheraient d'être partis d'une idée préconçue pour aboutir à des assimilations imaginaires, nous répondrons par une dernière citation.

Au cours de la discussion sur le plan proposé par M. Randolph, Hamilton avait prononcé (le 18 juin 1787) un discours resté mémorable, mais dont quelques passages, d'un ton trop absolu, l'avaient exposé au soupçon de nourrir des arrière-pensées monarchiques. Quinze ans après, en 1803, répondant à ce reproche qu'on essayait de ressusciter contre lui, il écrivait à son ancien collègue Timothy Pickering :

En tout ce que j'ai dit et fait dans la Convention, je suis parti de ces trois points :

« 1º Dans l'état actuel des choses, *le pays ne peut supporter qu'un gouvernement républicain;*

» 2º Le gouvernement républicain doit avoir un PLEIN ET LOYAL ESSAI (*full and fair trial*);

» 3º Pour cet essai, il faut que le gouvernement soit constitué de façon à avoir toute la force et toute la stabilité compatibles avec la forme républicaine. »

Ici, il ne s'agit plus de rapprochement naturel ou forcé. C'est la devise même de notre situation présente qu'écrivait, il y a soixante-dix ans, l'un des auteurs de la Constitution américaine.

s. — Imprimerie Ch. SCHILLER, rue du Faubourg-Montmartre, 10